青春文庫

生きる力がわいてくる「自分へのメッセージ」

涙の数だけ大きくなれる！

木下晴弘

青春出版社

はじめに

私が人の心を揺さぶる話に取り組むようになったのは、塾講師をしていた時のことでした。

当時、関西で灘校などの超難関校受験の塾で教鞭《きょうべん》をとっていた私は、「どうしたら生徒がやる気になるだろう？」「どうしたら自らペンを握るようになるだろう？」ということを日々考えていました。

塾の講師は人気商売で、生徒からの支持が給料に直結する厳しい世界です。

そのため、講師も教授法のテクニックを磨いています。

しかし、生徒たちはそれだけではやる気を起こしてくれませんでした。

テクニックよりも大事なもの、それが「心を動かす」ことだったのです。

そのことに気づいてから、私は授業のたびに生徒たちにいろいろな話をしてきました。

「勉強は何のためにするのか」「幸せって何だろうか」「あきらめないこと」「努力の本当の意味」「感謝する気持ち」など、人生で大切なことをいろいろな角度で伝えました。

そうした話に心を動かされた生徒は、自らペンをとり、多くが第一志望校へ合格していきました。

そして、いつの頃からか「先生、いい話を聞かせてください」と、すでに社会人になっている塾の卒業生たちが連絡してくるようになりました。

ただ、そんな彼らを見ていると、なぜかとても疲れています。仕事がつらい、会社をやめたいと私に漏らすこともあります。

そんな彼らが求めているのは、直接的なアドバイスではありません。それよりも、かつて授業で伝えていたような感動する話でした。

「先生、エネルギーを充電したいんです」「あの時のやる気をもう一度取り戻したいんです」などと言う彼らに、何とか元気になってもらおうと、いろいろな話をします。

すると、「先生、もう少し今の仕事、がんばってみる」と、自分のフィールドへ帰っていく教え子たちがたくさんいます。

私は現在、過去の経験を生かして教員の方や塾の講師の方向けに「生徒がやる気になるセミナー」をしています。

また、企業の経営者や幹部の方に「社員のモチベーションがアップするセミナー」もしています。

おかげさまで、２０２１年現在で延べ35万人以上の方と出会い、多くの方が涙してくれました。

人が変わる瞬間というのは、そこに「涙」の存在があります。

それはうれしい涙だけではありません。悲しい涙のときもあれば、悔しい涙のときもあるでしょう。でもそれがどんなものであれ、感情の高まりとともにあふれた涙は自分を浄化していきます。

ただ、近年ＩＴの発展とともに人間関係が希薄になってきたように感じます。それが原因かどうかはわかりませんが、多くの人はそうした感情を抑圧して生きているように思います。

今は苦しくても、どうにもならない状況に置かれていても、人は何かのきっかけで変わることができます。そして、そこには必ず涙の存在があります。

本書は刊行当時「10万人以上が涙した生きるメッセージ」とご好評をいただいた『涙の数だけ大きくなれる！』を時代に合わせて加筆修正し、新しいストーリーを加えて文庫化したものです。

今、コロナ禍をはじめとする様々な逆境に生きる人たちの心の礎になれば、著者としてこんなにうれしいことはありません。

木下　晴弘

目次

第4章 スキルや能力よりも大切なこと
「誰かのために生きると人生が変わる」

本文デザイン　岡崎理恵
編集協力　柏　耕一

第1章

仕事がイヤになったら……

「明日やめようと思って、今日を生きる」

誰でも仕事をやめたいと思ったことはあるでしょう。

営業成績が上がらない、人間関係がうまくいかない、希望の部署に行けなかった、自分に合わない仕事でやる気が出ない……。

理由は千差万別ですが、そう思い始めると仕事は苦痛になります。

そこで多くの人が「仕事とはそんなもの」と無理やり自分を納得させてしまいます。

誰しもこれを一概に否定できないですよね。だってそうやって現在の苦しい状況を何とか持ちこたえようとしているのですから。

しかし、そんな時、少し視点を変えてみると元気になることがあるのです。

私は現状に満足できない人たちには、いつもあるメッセージを贈り続けました。

そんな物語が、これから紹介するものです。

STORY 1 肩書のない名刺

人間には他者から与えられたものと同様のものを返そうとする心理が働きます。

これは心理学で**「返報性の原理」**と呼ばれています。他者に喜びを与えれば喜びが、苦痛を与えれば苦痛が返ってくるということです。

ここで知っておくべきことが2つあります。

1つは「与えてすぐには返ってこない場合がある」ということです。

今日種をまいて明日収穫できる果物などありません。

冬に土壌を整え、春に種をまき、夏に生育をサポートし、ようやく秋に収穫へと至るのです。

私たちが喜びや幸せを感じるとき、そこには必ず他者の存在があります。品物を手にした喜びでさえ、それをつくってくれた他者がいるのです。

だから幸せな人生を歩むには、若いときに人間性の土壌を整え、社会に出れば周りに喜びの種をまき、年齢を重ねる中でそのご縁を大切に育むことです。人生の終盤で大きな収穫が得られます。

次に「与えた相手とは違う相手から返ってくる場合がある」というケースです。

例えば被災者を必死で支援・救助している人をみると、それを目にした人の多くがお手伝いするでしょう。

好意の行いは、直接与えた当の相手からではなく見ず知らずの第三者から返ってきているのがはっきりとわかります。

この返報性の法則を目の当たりにした出来事があります。

私たちの会社は、講演業務のほかに私立学校の放課後講習に予備校の先生方をご紹介するという業務も実施しています。その現場でいつも弊社を支えてくれているスタッフさんには弟のAさんがおられます。そのAさんのお話です。


Aさんは43歳のときに転職しました。

新しい会社はビル、マンション、戸建てといったオフィスや住居の水回りに関するメンテナンスをはじめリフォームも請け負う会社でした。

以前とは違う職種なので、エンジニアとしての資格取得やスキル向上に努力する日々が続きました。

基本的には週末と祝日は休みで、携帯電話に直接かかってくる緊急性のある連絡でも会社に転送し、休業のメッセージを流すことができます。

しかし困っている人のトラブルをすぐに解決するには「一日も早く高いスキルを身につける必要がある」と考えたAさんは、休みの日でも連絡を受けると現場に飛んで行って修理を行いました。

どうしても外せない用事があるときでも「○○時なら行けますよ」と応答し、できる限りお客さんの希望に沿うようにしたのです。

そんなAさんが転職して間もないある冬の日のことでした。

休日だったため、自宅でゆっくりしていたAさんの携帯電話に「温水器が壊れた」というSOSが入りました。

いつものようにすぐに駆けつけ、小一時間で修理は完了。書類にサインをしてもらっているときに、そのお客さんの家に、近所のおばあちゃんが訪ねてきました。

おばあちゃんはAさんに向かって申し訳なさそうに言いました。

「実は数日前から納戸の電球が切れてしまって困っているの。一人暮らしだから高いところにのぼるのが不安で……どんな電球を買えばいいかもわからないの。初めてお会いしてこんなことをお願いしちゃってごめんなさい。何とか見てもらえませんか？」

もちろん、Aさんは快諾しました。すぐにおばあちゃんの家に行き、電球の種類を確かめ、近くのお店で購入。無事に納戸は明るくなりました。

その際、電気コードが老朽化している個所が見つかったため、その補強も行いました。

おばあちゃんはたいそう喜んで、「いくらお支払いすればいいですか？」と尋ねてきました。

「いや、これくらいなんてことはないから代金はいいですよ」とAさん。

「いえ、それはいけません。お支払いしなくてはとおばあちゃんも引き下がりません。

「わかりました。それでは実費の150円だけいただきます」

「え？ そんなに安いの？」

「おばあちゃん、僕がしたことは電球をかえただけ。おばあちゃんにしてみれば、高いところにのぼって大変やと思うかもしれんけど、僕にとったら何でもないことなんよ。だから電球代の150円だけもらっとくわ。年をとればお金はあればあるだけ、ありがたいもんやと思うから大事にしてね」

おばあちゃんは何度も何度も「ありがとう」と繰り返し、「また何かあったら、お願いしてもいいかしら」と尋ねてきました。

「もちろん。困ったことがあったらいつでも言ってきてや」

Aさんは肩書のない名刺を一枚置いて家路につきました。

それ以来、おばあちゃんから連絡が来ることはありませんでした。

あわただしい日が過ぎ去り、あっという間に5年という月日が流れました。

この間、困っている相手に対する誠意あるAさんの仕事ぶりは多くのお客さんから感謝されるようになっていきました。

そして、そのお客さんたちが次から次へと知り合いを紹介し始めたのです。

その結果、転職してわずか3年ほどで営業成績はトップに躍り出ました。

やがてそのうわさが社長さんの耳に届き、4年目にはチームリーダーに就任、その2年後には新支店の支店長に任命されました。

チームリーダーとして現場に出る傍ら、部下の指導にも精力的に取り組んでいたある日のことでした。

Aさんの携帯に見慣れない着信番号が表示されました。出てみると女性の声で「Aさんですか？」とAさんの名前を呼ぶ声。

「知り合いからの紹介で連絡しました。家のリフォームをしたいのですが、相談に乗っていただけますか。お時間の空いているときにお越しいただけるとありがたいのですが」

初めてのお客さんのようなので、相手の名前も住所も彼の記憶にはありませんでした。

言われた場所に向かうと、なんとそこはあのおばあちゃんの家ではないですか。事情が呑み込めないAさんは尋ねました。

「以前ここにおばあちゃんがお一人でお住まいだったと思うのですが……」

するとその女性が話し出しました。

「ええ。母が一人で暮らしていましたが2年前に他界しました。いろいろな事情があったとはいえ、母を一人で逝かせてしまったことをとても後悔しています。

せめて母の住んでいたこの家を大切に受け継ぎたいと思って引っ越してきたのですが、かなり古くなっておりリフォームするしかないと思いました。

かなり高額な出費になりそうなので、信頼できる業者さんを探さねばなりません。でも、知らない街で誰にお願いすればいいのかわかりません。

途方に暮れているとき、母のタンスを整理していてこれを見つけたのです」

そう言って彼女が差し出したのは、あの日おばあちゃんに渡した肩書のない一枚の名刺でした。

その名刺の裏には、赤いボールペンを用い、おばあちゃんのたどたどしい字でこう書かれていました。

「困ったことがあったら、この人に連絡すること。この人にお願いすれば間違いないから」

その話に感動で胸が震えるAさんにもたらされたのは、彼にとって今までで最高の受注金額となるリフォームの注文でした。

人生では与えたものが、長い年月を経て与えた人とは違う人から返ってくることがあります。

この話は、以前『プチ紳士からの手紙』という月刊紙に寄稿したものです。その月刊紙は、私が敬愛するベストセラー作家の志賀内泰弘さんが代表を務める「プチ紳士・プチ淑女を探せ！」運動で発刊されているものですが、そこには「ギブアンドギブ（give and give）」の精神で、誰もが幸せに暮らせる世の中を目指すという素敵な理念があり、奇跡のようなことがたくさん起こっているのです。

あなたが日々周りに与えているものはどんなものですか？

STORY 2

あるレジ打ちの女性

人はしばしば目標を見失い、生きることに苦しみ悩むことがあります。

しかし、その苦しみは、永久には続かないのです。人間は常に変わることができるからです。

私の仕事上のパートナーで、Tさんという方がいます。Tさんの勤める会社は人材紹介の大手なので、仕事と人との関わり合いの中、いろいろな人間ドラマが生まれるのです。

そのTさんから聞いた話で、強烈に印象に残った話がありました。

私はこのエピソードに「あるレジ打ちの女性」と名づけました。

その女性は、何をしても続かない人でした。

田舎から東京の大学に来て、部活やサークルに入るのは良いのですが、すぐイヤになって次々と所属を変えていくような人だったのです。

そんな彼女にも、やがて就職の時期がきました。

最初、彼女はメーカー系の企業に就職します。

ところが仕事が続きません。勤め始めて3カ月もしないうちに上司と衝突し、あっという間にやめてしまいました。

次に選んだ就職先は物流の会社です。

しかし入ってみて、自分が予想していた仕事とは違うという理由で、やはり半年ほどでやめてしまいました。

次に入った会社は医療事務の仕事でした。

しかしそれも、「やはりこの仕事じゃない」と言ってやめてしまいました。

そうしたことをくり返しているうち、いつしか彼女の履歴書には、入社と退社の経歴がズラッと並ぶようになっていました。

すると、そういう内容の履歴書では、正社員に雇ってくれる会社がなくなってきます。

ついに、彼女はどこへ行っても正社員として採用してもらえなくなりました。

だからといって、生活のためには働かないわけにいきません。

田舎の両親は早く帰って来いと言ってくれます。しかし、負け犬のようで帰りたくはありません。

結局、彼女は派遣会社に登録しました。

ところが、派遣も勤まりません。すぐに派遣先の社員とトラブルを起こし、イヤなことがあればその仕事をやめてしまうのです。

彼女の履歴書には、やめた派遣先のリストが長々と追加されていきました。

ある日のことです。

例によって「自分には合わない」などと言って派遣先をやめてしまった彼女に、新しい仕事先の紹介が届きました。

スーパーでレジを打つ仕事でした。

当時のレジスターは、今のように読み取りセンサーに商品をかざせば値段が入力できるレジスターではありません。値段をいちいちキーボードに打ち込まなくてはならず、多少はタイピングの訓練を必要とする仕事でした。

ところが、勤めて1週間もするうち、彼女はレジ打ちにあきてきました。

ある程度仕事に慣れてきて、「私はこんな単純作業のためにいるのではない」と考え始めたのです。

とはいえ、今までさんざん転職をくり返し、我慢の続かない自分が、彼女自身も嫌いになっていました。

もっとがんばらなければ、もっと耐えなければダメということは本人にもわかっていたのです。

しかし、どうがんばってもなぜか続かないのです。

この時、彼女はとりあえず辞表だけ書いてみたものの、決心をつけかねていました。

するとそこへ、お母さんから電話がかかってきました。

「帰っておいでよ」

受話器の向こうからお母さんのやさしい声が聞こえてきました。

これで迷いが吹っ切れました。彼女はアパートを引き払ったらその足で辞表を出し、田舎に戻るつもりで部屋を片づけ始めたのです。

長い東京生活で、荷物の量はかなりのものです。あれこれダンボールに詰めていると、机の引き出しの奥から1冊のノートが出てきました。

小さい頃に書きつづった大切な日記でした。

なくなって探していたものでした。

パラパラとめくっているうち、彼女は「私はピアニストになりたい」と書かれているページを発見したのです。

そう、彼女の小学校時代の夢です。

「そうだ、あの頃、私はピアニストになりたくて、練習をがんばっていたんだ……」

彼女は思い出しました。なぜかピアノの稽古だけは長く続いていたのです。

しかし、いつの間にかピアニストになる夢はあきらめていました。

彼女は心から夢を追いかけていた自分を思い出し、日記を見つめたまま、本当に情けなくなりました。

「あんなに希望に燃えていた自分が今はどうだろうか。履歴書にはやめてきた会社がいくつも並ぶだけ。自分が悪いのはわかっているけど、なんて情けないんだろう。そして私は、また今の仕事から逃げようとしている……」

そして彼女は日記を閉じ、泣きながらお母さんにこう電話したのです。

「お母さん、私、もう少しここでがんばる」

彼女は用意していた辞表を破り、翌日もあの単調なレジ打ちの仕事をするために、スーパーへ出勤していきました。

ところが「2、3日でもいいから」とがんばっていた彼女に、ふとある考えが浮かびます。

「私は昔、ピアノの練習中に何度も何度も弾き間違えたけど、くり返し弾いているうちに、どのキーがどこにあるかを指が覚えていた。そうなったら鍵盤を見ずに、楽譜を見るだけで弾けるようになった」

彼女は昔を思い出し、心に決めたのです。

「そうだ、私は私流にレジ打ちを極めてみよう」と。

レジは商品ごとに打つボタンがたくさんあります。彼女はまずそれらの配置をすべて頭に叩き込むことにしました。覚え込んだら、あとは打つ練習です。

彼女はピアノを弾くような気持ちでレジを打ち始めました。

そして数日のうちに、ものすごいスピードでレジが打てるようになったのです。

すると不思議なことに、これまでレジのボタンだけ見ていた彼女が、今まで見もしなかったところへ目がいくようになったのです。

最初に目に映ったのはお客さんの様子でした。

「ああ、あのお客さん、昨日も来ていたな」「ちょうどこの時間になったら子ども連れで来るんだ」とか、いろいろなことが見えるようになったのです。

それは彼女のひそかな楽しみにもなりました。

相変わらず指はピアニストのように、ボタンの上を飛び交います。そうしていろいろなお客さんを見ているうちに、今度はお客さんの行動パターンやクセに気づいていくのです。

「この人は安売りのものを中心に買う」とか、「この人はいつも店が閉まる間際に来る」とか、「この人は高いものしか買わない」とかがわかるのです。

そんなある日、いつも期限切れ間近の安い物ばかり買うおばあちゃんが、5000円もする尾頭付きの立派なタイをカゴに入れてレジへ持ってきたのです。

彼女はビックリして、思わずおばあちゃんに話しかけました。

「今日は何かいいことがあったんですか?」

おばあちゃんは彼女ににっこりと顔を向けて言いました。

「孫がね、水泳の賞を取ったんだよ。今日はそのお祝いなんだよ。いいだろう、このタイ」と話すのです。

「いいですね。おめでとうございます」

うれしくなった彼女の口から、自然に祝福の言葉が飛び出しました。

お客さんとコミュニケーションをとることが楽しくなったのは、これがきっかけでした。いつしか彼女はレジに来るお客さんの顔をすっかり覚えてしまい、名前まで一致するようになりました。

「○○さん、今日はこのチョコレートですか。でも今日はあちらにもっと安いチョコレートが出てますよ」「今日はマグロよりカツオのほうがいいわよ」などと言ってあげるようになったのです。

レジに並んでいたお客さんも応えます。

「いいこと言ってくれたわ。今から換えてくるわ」

そう言ってコミュニケーションをとり始めたのです。

彼女は、だんだんこの仕事が楽しくなってきました。

そんなある日のことでした。

「今日はすごく忙しい」と思いながら、彼女はいつものようにお客さんとの会話を楽しみつつレジを打っていました。

　すると、店内放送が響きました。

「本日は混み合いまして大変申し訳ございません。どうぞ空いているレジにお回りください」

　ところが、わずかな間をおいて、また放送が入ります。

「本日は混み合いまして大変申し訳ありません。重ねて申し上げますが、どうぞ空いているレジのほうへお回りください」

　そして3回目、同じ放送が聞こえてきた時に、初めて彼女はおかしいと気づき、周りを見渡して驚きました。

　どうしたことか5つのレジが全部空いているのに、お客さんは自分のレジにしか並んでいなかったのです。

　店長があわてて駆け寄ってきます。そしてお客さんに「どうぞ空いているあちらのレジへお回りください」と言ったその時です。

お客さんは店長の手を振りほどいてこう言いました。

「放っといてちょうだい。私はここへ買い物に来てるんじゃない。あの人としゃべりに来てるんだ。だからこのレジじゃないとイヤなんだ」

その瞬間、彼女はワッと泣き崩れました。

その姿を見て、お客さんが店長に言いました。

「そうそう。私たちはこの人と話をするのが楽しみで来てるんだ。今日の特売はほかのスーパーでもやってるよ。だけど私は、このおねえさんと話をするためにここへ来ているんだ。だからこのレジに並ばせておくれよ」

彼女はポロポロと泣き崩れたまま、レジを打つことができませんでした。

仕事というのはこれほど素晴らしいものなのだと、初めて気づいたのです。

そうです。すでに彼女は、昔の自分ではなくなっていたのです。

それから、彼女はレジの主任になって、新人教育に携わったそうです。

彼女から教えられたスタッフは、仕事の素晴らしさを感じながら、今日もお客さんと楽しく会話していることでしょう。


世の中にはどこへ行っても仕事が続かない、すぐ仕事がイヤになってやめてしまう人がいます。

そして、ほかへ移ってもやはり同じことのくり返し。すぐにイヤになって次の仕事先を探すのです。

やめる理由はいろいろです。

予期していた業務とは違う、給料が安い、職場の雰囲気が合わないなど、当人にとっては切実なのかもしれません。

ただ、今はそんな状況ですが、それが一生続くとは限りません。例えばたったひとつの出会いでも、大きく人生が変わることがあるのです。

私は、仕事をやめようかと思っている人には、いつも「ちょっとだけ待って」と言います。あとちょっとだけがんばってみてほしいと言います。

というのも、1つのことを一生懸命がんばって、本気でそれに取り組んでいれば、同じく一生懸命がんばっている人たちが集まってくると思うからです。

そして集まってくる人の中には絶対に応援してくれる人がいます。

人は応援してくれる人がいるから成功できるのです。一人では絶対に成功などできないのです。

これについては、『原因と結果の法則』（サンマーク出版刊）で知られるジェームズ・アレンという人が、「人は情熱を傾け続けると『磁場』が変わる」と表現しています。

人を引きつける磁力が変化するという意味でしょう。

「私たちは自分が望むものではなく、同種のものを引き寄せる」とも言っています。

だからやめようと思っている人でも、今一度続けることで大きな気づきが得られると思います。

やめるのはいつでもやめられるのです。

塾をやめたいと申し出る生徒に対しては、私はいつもこう言いました。

「わかった。塾をやめるというのも君の人生における1つの選択だ。もちろんやめてもいい。でもね、明日やめなさい。明日になったらまた、明日やめよう、そう思いなさい。毎日そう思い続けるんだ」

やめてもいいと口で言いながら、要するにダメと言っているのだからひどいものです。でも、漠然とした遠い目標ではなく、**明日という短い目標ならば、人は何とか今日をがんばることができる**のではないでしょうか。

別の言い方をすれば、**逃げればピンチ、挑めばチャンス**。

挑むことによって磁場が変わり、力を引き寄せる。そしてそのうち、やめたい、イヤだと言っていた状況も大きく転換していくのです。

最近は世間の雰囲気として、昔のように「がんばれ」「とことんやれ」の一点張りではなくなっています。時に柔軟というのか、「ダメだと思ったら引くのも大事」という意見も聞かれます。

塾で私が担当していたのは主に中高生です。

人生の啓発書などを読んでいるような大人びた子もいて、「そんなに無理してがんばるばかりが道ではないと思いますが？」と言われたりしました。

良い質問なので、私もがんばって答えます。


「確かに、いくつもの方法をあれこれトライし、失敗したものは捨て、うまくいく方法をさらに探っていこうという意味なら、あきらめるのはわかる。

なぜなら、ずっと間違った方法で物事を追求しても、間違った結果にしか行き着かないからね。君が言うのは、そうした前提で正しいと思うよ。

でも大きな道があって、それが本当に君の歩いて行きたい道であるなら、その道を歩むことは絶対にあきらめてはいけない。

もちろん、その道をどう歩むかという方法に関して、あるやり方でうまくいかない時は、それをやめて別の方法をとってみるのはいい。肝心なのは、あくまでその道を行くこと。道を捨てないことなんだ。自尊心は自分の理想に忠実に生きることでしか育《はぐく》めないからね」

まだ飛行機のなかった昔、空を飛ぼうと本気で考えた男たちがいました。

世間の人は言いました。

「空を飛ぶなんてできるわけがない。愚か者とは付き合うな」

でも、その時に彼らがあきらめず、空を飛びたいという夢を追い続けてくれたおかげで、今、人間は大空を飛び交うことができています。

もっと昔の昔、人は果てのまったくわからない大海原を越えて行きたいと考えました。だけどみなは「海の果てまで行くなんてできるはずがない。馬鹿げた考えだ」と言いました。

しかし、その時に彼らがあきらめなかったから、今、人間は世界の海を走り回っています。

学生も社会人も同じです。

やめるのは明日にして、今日をがんばれ。

STORY 3
あるプロ野球選手の転身

仕事がイヤになった時、私はよく島野修さんのことを思い出します。

高校生の時に甲子園で大活躍した彼は、その実力が認められ、1968年に読売ジャイアンツからドラフト1位指名を受けて入団しました。

ポジションは投手。投げすぎによる故障に悩まされはしたものの、3年目に初登板で初勝利という華々しいデビューを果たします。

多くの人が順風満帆の未来を想像したことでしょう。しかしその後、彼は故障しがちで勝利から完全に見放されてしまいます。

勝てない日々を耐え続けた彼でしたが、ついに1976年には阪急ブレーブス（球団はその後オリックス・ブレーブスからオリックス・ブルーウェーブ、そして2021年現在はオリックス・バファローズへと変遷している）へトレードされてしまいました。

でも、この環境の変化が追い風になることはありませんでした。結局、一度も一軍登板をすることはなく、1978年には通算試合登板わずか24戦でひっそりと引退したのです。

このとき彼は28歳でした。普通なら人生はまだまだこれからという年齢です。しかし物心ついた時から野球にすべてをかけてきた彼にとってみれば、この状況があまりにも過酷な試練であったことは想像に難くありません。

「どうやって生きていけばいいんだ……」

1年間の打撃投手を経て、芦屋市で慣れないスナックを始めていました。そんな時、彼にもたらされたのは阪急ブレーブスからの球団マスコットへの転身オファーでした。

島野の宴席での明るさを知る幹部の指名でした。

今でこそ、プロ野球の各球団にはそれぞれのマスコットキャラクターがおり、試合を盛り上げるために欠かせないポジションを確立していますが、当時そのような風潮は全くありませんでした。

確かに情けない状況にあるとはいえ、かつてドラフト1位指名を受けた自分です。着ぐるみで球場に戻るなどプライドが許しません。

彼はその場でオファーを断りました。ところが、この時、球団のファンサービス担当者がこの仕事の専門性を熱く語ったのです。

ファンあってこそのプロ野球であること。マスコットは観客動員数に必ず貢献できるということ。そして何より野球のことを詳しく知っていないとできない仕事であるということ。

彼の心は少しずつ動き始めました。

もちろん、彼の中では過去の栄光に比して不本意なオファーだったと思います。しかし生きていかねばならないという現実、そしてやはり野球に対する忘れられない想いもあったのでしょう。

悩んだ末に彼はこの仕事を引き受ける決心をしました。しかし、この決心が彼をさらなるどん底へといざなっていきます。

「やるからにはこの仕事を極めてやる」

とばかりにメジャーリーグマスコットの動きを研究しつくした彼は、人形劇団での特訓まで行い、1981年4月11日、阪急ブレーブスのホームだった西宮球場の試合でマスコットデビューを果たします。

その名前は「ブレービー」。

なんと、たちまち人気を博するようになり、阪急電車の車両にイラストとして使われるようにもなりました。

ところがこれを受けて当時の新聞にはネガティブな記事が掲載され始めたのです。

「いま『道化』でエースに」「ドラフトの星 人生流転」「ファンのため〝道化役〟プライドは心の中に……」などといった見出しが紙面に踊りました。

これは想像ですが、それほどまでに「ドラフト1位指名選手に対する期待」が大きく、その期待を裏切った選手というレッテルが貼られていったのでしょう。

このキャンペーンをきっかけに、西宮球場では彼の姿を嘲《あざけ》るヤジが投げつけられるようになっていきました。

どんなにマスコットという仕事を必死でがんばっても、罵声を浴びる日々が続きました。

それだけではありません。試合の合間にマウンドをみれば、そこにはかつてのライバルたちの勇姿がありました。

彼の脳裏に、あの舞台で喝采を浴びていた日々がよみがえります。しかし、どんなに願っても時間を巻き戻すことはできません。

彼の心はズタズタに引き裂かれていきました。

「もうどうにでもなれ」という投げやりな思いから酒浸りの日々が始まったのです。

そんなある日のことでした。

その日も野次に耐えてようやく試合が終わり、彼はいつものように球場近くの食堂でやけ酒をあおっていました。

にぎやかな店内には親子連れがいました。この時いきなり彼の耳に飛び込んできたのは子どもが親にせがんで発した言葉でした。

「ブレービーがめちゃくちゃ面白かった。

ねえ、またブレービーを見たいから球場に連れて行って」

死の淵をさまよう者に、神が投げかけた一条の光のごとく、この子の発した、たった一言が彼の人生を激変させます。

「こんな俺を見に来てくれる人がいる。こんな俺を楽しみにしてくれる人がいる」

何度も何度もその子の言葉がよみがえりました。枯れ切った彼の心に急速にエネルギーが満たされていきます。

次の日から彼の仕事ぶりは一変しました。

その子の想いにこたえるように、どんなに熱があっても、パフォーマンスで骨折をしても、彼は一日も休むことなく試合に出続けたのです。


時は流れ「ブレービー」からオリックス・ブルーウェーブの「ネッピー」へと変わるころ、彼はマスコットキャラクターを演じる者として、「1000試合出場」という前人未到の大記録を打ち立てるのです。

いつしか彼は多くのファンに愛される存在へとなっていました。

スーツアクターという仕事は10キロ以上の衣装を纏いながらパフォーマンスを演じる激務で、夏場ともなれば一試合で体重が3キロほど減ることもありました。

それでもこの仕事に誇りをもって取り組み続けた彼は、在籍チームの主催1175試合を皆勤するという金字塔を打ち立て、2010年5月、脳出血により59年間の人生に幕を閉じます。

どんな仕事でも、その仕事を必要としている人が必ずいます。

もしあなたが「いまの仕事がイヤだ」と思っているなら、それが命にかかわるような状況であるなら別ですが、その人たちのことを思い浮かべてみるとエネルギーが満ちてきて「もう少し続ける」という選択肢が生まれるかもしれません。

第2章

何のために働くのか
わからなくなったら……

「どんな仕事にも必ず意味がある」

仕事から「感動」がなくなると、「惰性」の日々が始まります。
そのような労働時間の切り売りに情熱を傾けることはできません。
仕事がマンネリ化してきたと悩む教え子たちには、こんな話をしてきました。

STORY 4
たった1つの社訓

ノードストロームという、アメリカ有数のデパートチェーンを知っている人は多いかもしれません。顧客満足度が非常に高い会社で、もとは靴屋から始まりました。

その経営理念がユニークです。

「お客様の喜ぶことをしよう」

彼らが最も大切にする価値は、このひと言に凝縮されているのです。

ある日のこと、ノードストロームの靴売り場に、一人の婦人がカタログを持参してやって来ました。

そして、ページを開いて1枚の写真を指さし、「この靴をください」と言いました。

しかし、あいにくその靴は在庫が切れていて、置いてありませんでした。

こういう場合、普通はそのままお客さんを帰しません。似たような靴を引っ張り出して「こちらはいかがですか？」「こちらもよくお似合いになると思います」とすすめるものです。

しかし、その店員はそうしませんでした。

婦人客に在庫が切れていることを告げたあと、

「この靴がある場所はわかっています。どうぞご案内します。こちらです」

と言いました。

どこへ行くのかと思ったら店を出て、表通りの向かい側にあるライバル店の前まで誘導し、そしてうやうやしく婦人に言いました。

「靴はここにございます。お客様、こちらでお求めください」

これで婦人はすっかり感激し、店員に言いました。

「私はこんな素晴らしいサービスを受けたことがありません。私のためにここまでしてくれるあなたの店を、これからはお抱えにしたい」

婦人は実際、お店をお抱えにできるだけの大富豪だったのです。

むろん店員はそんなことなど知っていたわけではありません。あくまで婦人を落胆させたくない、喜んで帰ってもらおうという気持ちからしたことです。

ところが結果として、ライバル店にお客を案内するという行為が、回り回って会社に利益をもたらしました。店員だってほめられたことでしょう。

「どんな人間も、誰かに助けられて生きている」ということについて、当時私は、生徒に「牛丼」の話をしてきました。

「君たち、牛丼を食べたくなったら、たとえば吉野家に行くだろう。食べたあとは食事代を300円だか400円だか払うよな。ところで、そのあと店を出る時、ちゃんとありがとうと言っているか？」

みな戸惑った顔をしています。普通、「ありがとう」は店の人がお客に言うものです。

「君たちもそう思うよな」と確認したあと、話を続けます。

「でも大間違いだ。なぜかといえば、もしあの牛丼が1杯5万円だったら、君たちは食べに行くか？」

当然ながらみな行かないと答えます。

「行かないよな。あれ、1杯数百円だから行くわけだ。ここで、よく考えてくれ。君たちは今、おなかがすいたという問題を抱えたわけだ。これは君たち一人ではどうあがいても解決できないだろう？」

子どもたちの反論はわかっているので、すぐにこう言い足します。

「もちろん、コンビニに行くというのもダメだ。なぜなら、そこにあるおにぎりもサンドイッチも自分で作ったものではないからだ。くどいようだが、お母さんに作ってもらうのも同じ理由でダメ。

君たちは普段、何げなく米やパンを食べているが、『なんてラッキーだ』とは思わないか？　だって、作ってもいないのに。一人で米を作れるか？　稲はどこから持ってくる？　台風や害虫からどうやって守る？　ビニールハウスでなんて言うなよ。ビニールはどうやって作るんだ？

ほらみろ。人間は自分ひとりでは空腹を満たすという問題さえ解決できないんだ。

でも、その問題解決をしてくれる人がいる。

たとえば、それが吉野家というわけだろう。

だからあのお金で、あの味のものが、あの短い待ち時間で食べられる。それが極めて有効な問題解決になるから、君たちは行ってお金を払って食べるんだろ。

もし誰かが自分の前にある大きな壁を取り払い、問題を解決してくれたら、君たちはその人に何て言う?」

「ありがとう」と答えが返ります。

「そう、ありがとうって言うよな。だから、吉野家で君たちがありがとうって言うのは当たり前だろ」


煎じ詰めると、**仕事というのは問題を解決すること**なのです。

だから、**その問題を解決した時には当然のこととして、解決した相手から感謝の言葉が返ってきます。**

たとえば、営業などはじかに人と向かい合う仕事だから、直接言葉が返ってきます。

一方で、直接には感謝の言葉が返ってこない仕事があります。

経理や総務など社内の事務仕事の場合、相手から感謝の言葉を聞く機会はあまりありません。でもそういう仕事に携わる人がいるから、ものごとが回っているわけです。

結局、自分が何かをする、行動するというのは、誰かがそれによって助けられているということになります。

そして人間というのは、**誰かのために力を出す時に最も力を発揮できる**のです。

STORY 5
いい仕事の条件

私の教え子の中には、すでに30歳を超えてさまざまな会社に勤めている人がいますが、しばしば「先生、飲みに連れて行ってください」という声がかかってきます。

しかも「先生の分は、僕が払いますから」などと、かわいいことを言ってくれます。

なぜそれまでして飲みに行きたいのかというと、実は仕事に対する悩みを私に聞いてほしいのです。

人は親しくても案外利害関係のある人には悩みを話せません。友人や家族でもプライドが邪魔をして話せないことがあります。その点、かつて教師であった私には安心して悩みを打ち明けられるのでしょう。

その中に一人、大手の物流・運輸関連の会社に勤めている教え子がいて、「今、何をしているの？」と私が聞くと、彼は浮かない顔をするのです。

「元気ですよ」なんて、とんちんかんな答えが返ってくるわけです。

「仕事はどうなの？」と重ねて聞くと、「いや、実はそれなんですけど……自分としては**こんな仕事をするために、今の会社に入ったのではない**」と言い始めました。

「具体的にはどんなことをしているの？」と聞けば、倉庫で流れてくる荷物の仕分けをしているそうです。

入社試験の面接時には、いわゆる本部の管理機能のほうの仕事がいっぱいあると聞かされて、その気になって入社したそうです。

ところが、いざ入ってみると、ひと言でいうと単純な仕分けの仕事をやらされて、何か話が違うと、うつうつとした気持ちで仕事をしながら、毎日このままでいいのかと悩んでいるというのです。

なるほど、よくある話です。私がそういう時、子どもたちに聞かせてきた話というのが実はあります。あるメンタルヘルス協会の先生からお聞きした話です。

あのパナソニックの創業者として有名な松下幸之助さんは、生前、各地の自社工場の視察に訪れています。

彼が訪れたある工場の中に、ただひたすら小さいソケットのついた豆電球を磨く作業をしている工員の方たちがいました。

松下幸之助さんはしばらく彼らの作業を眺めていたかと思うと、いきなり感に堪えない声で「ええ、仕事やなあ」と言ったのです。

すると、みんなびっくりして手が止まるわけです。　私にはその人たちの心の中はわからないので代弁はできませんが、「電球を磨く仕事が、何がいい仕事なの？」と、なかには疑問に思った人がいると思います。

すると、幸之助さんは彼らにこう言い出したのです。

「ええ仕事や。あんたらが磨いている電球は、どこで光るか知っとるか？」

たぶん、電球磨きの工員さんたちのほとんどがそんなことを考えたことはないと思います。今、自分が磨いているこの電球が、どこでどういうふうに光っているかなんて考えて磨いていないわけです。

戸惑う彼らに幸之助さんはこう続けたのです。

「山間の村の中には、まだ電気が行きわたっていないところがいっぱいある。そういうところにも子どもたちがいっぱいおる。

そこに住む子どもたちは夜になって暗くなったら、外で遊ぶことも本を読むこともできなくなる。あとは寝るだけや。

本というのは人間の心を豊かにするわな。その本を読んで彼らが未来を夢見て、心を躍らせ『ああ、僕も大きくなったら、こうなろう、ああなろう』と、そう考えさせてくれる読書も、日暮れとともにページを閉じなければならない時がやってくる。

もう少し続きを読みたい。でも暗くて読めない。そんな時、あんたらが磨いた電球が『ポッ』とともりよる。その電球の下には、彼らがこれから読みたいと思っていた活字が、はっきりと見える。

子どもたちはその本を開いて、また心を夢の世界に躍らせ続けることができる。

あんたらのしていることは子どもたちの夢と未来をはぐくむええ仕事や。ほんまにええ仕事やなあ」

幸之助さんにそう言われて、彼らはポロポロと涙をこぼし始めたのです。

世の中に何の意味もない仕事はないのです。工員さんたちも自分たちの仕事の意義を知りうれしかったのでしょう。

それを私は若い人たちに伝えてあげるのです。私はその教え子にはこう言いました。

「確かに、君が荷物を送り先に仕分けしていくという仕事は、一見単純な仕事かもしれない。そして、君がやりたかった仕事はそうじゃなかったのかもしれない。

けれども、君に伝えたいのは2つある。1つは、いつまでもその仕事が続くわけじゃないだろう。1点目はこれだ。だから、しばらくがんばるのは1つの選択肢だよ。

そしてもう1つ、それは何かというと、君が仕分けしているものは何だと思う？」

すると、彼は「荷物です」と答えました。

「うん、もちろん見かけはそうだろう。でも**君が仕分けしているものの本質は荷物ではない**。君は誰かにプレゼントを送ったことがあるか？　もちろん手渡しで渡せるプレゼントはそれでいいだろう。

けれども、遠方にいてどうしても届けたい荷物がある。たとえば君には彼女がいたよな。彼女がもし遠方にいたらどうする？」

実は、その相談している彼は東京に働きに出ていて、大阪に彼女がいました。いわゆる遠距離恋愛です。

「その彼女にプレゼントを贈る時があるよな。君がそのプレゼントをお店で選ぶ時、君の心の中にあるのは、もはや目の前の商品ではなく、彼女の笑顔じゃないのか？

これを贈ったらどんなに喜んでくれるかな？　大切にしてくれるかな？　僕を思い出してくれるかな？　もうそれしか考えてないだろ？　君がそう思って買ったプレゼントは、すでに単なる商品ではなく、君の愛が込められた『心』なんだ。

君が心を込めて、届け！　と思って贈ったそのプレゼントを仕分けしてくれている人がいることに、君は気づかないかい？

その人が仕分けの仕事を丁寧に間違いなくしてくれるから、君の心は彼女に届くよな。

君が日々やっている仕事の対象は単なる荷物じゃない。人の心が詰まったあったかい荷物だ。それを君が仕分けをしてくれるから、その思いが相手に届き、今日、喜びの電話が送り主にいっているかもしれない。

君は人の喜びを作り出しているすてきな仕事をやっているんだよ。それに気づいてほしいな」

私の話を聞いた彼は、ちょっとほろっと泣いて「先生、僕がんばります」と言って帰ったことがありました。

基本的にどんな仕事であっても間違いなく喜んでくれる人がこの世にいるのです。

そう考えると、自分の仕事に大きな意義が見いだせると思います。そういう気持ちで毎日毎日がんばり続けていれば、必ず未来は開けてきます。

この仕事はいつまで続くのだろうと考えるのではなくて、とにかく今日、その気持ちでがんばってほしいなという思いを込めたメッセージとしてこのエピソードはよく話してきました。

私がいつもお世話になっている、名古屋にある塾では学習の成果を測るため、定期的にテストをしています。その塾のある先生はテストが近づいてくると、いつも生徒たちに「みんな、テストでいい点を取りたいか？」と尋ねます。

「取りたい」と答えると、「何で？」と尋ねます。

生徒は「うれしいから」と答えます。

「誰がうれしいの？」と聞くと、必ず「自分が」と言うそうです。

さらに「自分だけ？」と聞くと、「うーん、お母さんかな」と。

これも必ず同じ答えになります。「お父さん」という声も上がりますが、だいたいここまでは、みなパターン通りに答えが決まっています。

そして、さらに聞くのです。

「それだけ？」

「学校の先生」

この時、その先生は自分を指さして「まだいるよ」と言うと、「あっ、〇〇先生」と言ってくれるのだそうです。すると先生は、ありがとうと言って握手を求めるのです。

「ということは、君たちが良い点を取ると周りの人を幸せにできるということだね。おうちの人、クラスの仲間、近所の人もそうかな。すごいとほめられるかな。お小遣いも上がるかな。みんながんばって周りの人を幸せにしていこう」

これだけで彼らは素直にやる気を出してくれるそうです。

自分ががんばって誰かが喜ぶなら、こんな良いことはないし、その喜ぶ姿を見れば二重にうれしくなります。欲が出るのだと思います。そんな欲ならいくらでも出してほしいと思います。

仕事だって同じです。

似たような質問を自分に投げかけてみてください。

「あなたは仕事をしたいですか？　したいですよね。なぜですか？」

「いい仕事ができたらうれしいからです」

「誰がうれしいのですか？」

「自分がうれしいですよね」

「ほかには？」

「お客さんかな」

「ほかには？」

「上司も喜んでくれるし、家族も喜んでくれるでしょう」

「そうやっていっぱいの人を幸せにできるあなたは、すごく幸せですね」

そう思いませんか。

STORY 6

戦渦の子どもたちが望んだもの

平和で豊かな日本に住む私たちは、自分のいる環境が世界の中では奇跡的に恵まれていることに気づかず、ごく当たり前の平凡なこととして受け取りがちです。

だから、つい自分の幸運を粗末にあつかってしまいます。

塾に来る生徒の中には、当時は景気のよい時代だったということもあって、最高で月12万円もの月謝を親が払っているにもかかわらず、時に注意力散漫な態度で授業に臨むことがありました。

そんな時、私は生徒たちに「君たちがこうして毎日、塾へ通って勉強できることを当たり前のことと思うのは間違いだよ」という話をよくしました。
引き合いに出したのが、アフガニスタン紛争の話です。

現在も様々な思惑が交錯しているアフガニスタンですが、1978年当時は、アフガニスタン共産政権の成立にともない、全土でこれに反対する武装勢力のムジャヒディンが攻勢を強化。これに、ソビエト連邦（現在のロシア）が軍事介入して起きたアフガニスタン紛争の最中でした。

この紛争は1979年から10年間続いたもので、市民たちは毎日、頭上を弾丸が飛び交う恐怖にさらされていました。

もちろん、子どもたちだって同じ。今日は無事でも、明日は鉄砲で撃たれて死ぬかもしれない。そんな状況にありました。

そうした中、海外マスコミの報道記者が、子どもたちに「今、一番望んでいることは何？」と尋ねました。

テレビを見ていた私は、子どもたちの答えを想像しました。

「早く平和になってほしい」

「命を保証してほしい」

「おなかいっぱい食べ物がほしい」

こんな答えが出てくると思っていました。

しかし、みな口をそろえてこう答えたのです。

「学校に行きたい……学校に行って友達と勉強がしたい」

これが、子どもたちの願いだったのです。

アフガニスタンの話を生徒たちにすると、みなシーンと静まり返ります。
でも、これからが本題です。

「君たちにしたら、アフガニスタンは、遠く離れた自分たちとは無関係の世界のことだと思うかもしれないけれど、それは違う。地球上のわずか半周分の距離にあるところで起こっている出来事だ。それも君たちと同じ世代の子どもたちがたくさんいて、明日生きられるかさえわからない状況下にいるんだ。
ところが、そんな彼らの望みは何か。命でもない、食べ物でもない……ただ、学校に行きたい、学校で友達と勉強したいと言っているんだ。

ひるがえって君たちはどうだ？　アフガニスタンのことを知ったあとでも、この席に座っていられる幸福をムダにできるか？」

子どものよさは素直さにあります。ここで言う素直とは、感じたことをすぐ行動に移せるということです。

自分たちの幸せに気づいた彼らは、授業への取り組みがグッと真剣になるのです。

塾ではしばしばお母さんたちが私に、子どもへの不平や不満をぶつけます。

「先生、うちの子は私の言うことを全然聞きません。いくら勉強しなさいと言っても身を入れようとしないんです」

そんな時、私は初めにこう言います。

「お母さん、あなたが抱いている不満と、まったく同じ不満を彼も抱いているのです。

つまり、うちの子は少しも言うことを聞かないとお母さんが思っている時は、彼も、お母さんは僕の話を少しも聞いてくれないと思っているのですよ」

まずこれで親はハッとします。

そこで重ねて「お母さん、お子さんが生まれた時に、いったい何が望みでしたか？」と質問するのです。

「お母さん、彼が生まれた時に、たとえば将来は灘校や開成校に進学し、東大へ行ってほしいと思いましたか？　思いませんよね。

健康で、明るく元気で、思いやりがある、そういう子に育ってほしいと思ったのでしょう。どうです。今、望みはかなっていませんか？」

お母さんはたいてい、「かなっています」と答えます。

すでに、お母さんの願いはかなえられているのです。

そこでさらに問いかけます。

「ただ、人間は欲が深いですよね。その時、その場所に立つと、もっと欲が出てくる。もちろん、欲求自体は悪いことではありませんよね。

問題はそこからなのです。

あとからわいてきた欲求がかなえられていないからといって、なんて自分は不幸なんだろうと嘆いたり、なんてこの子はダメなんだろうと文句を言ったり、それでは目の前の幸せにも気づかなくなりますよね」

これでお母さんは、かわいい子どもがいて元気にしているということの価値を、あらためて考え直すことになります。

普段の生活や仕事も、たぶん同じことが言えるでしょう。

現在でもシリアやミャンマーなどのように、国自体が混乱して仕事もほとんどないどころか、テロや市街戦でいつ死ぬかわからない、そんな国が世界にはたくさんあるのです。

もちろんわが国でも、新型コロナウィルスの蔓延で、思うようにできなくなった仕事はあります。でも戦時下ではないので助け合うことができます。また、今は不慣れでも必要とされる仕事がたくさんあります。

こう考えると、私たちは仕事があることの幸福をもっと身近に感じられるようになるかもしれません。

人は生きるために仕事をするのですが、それだけではありません。

仕事それ自体が人間にとっては生きがいともなります。仕事を通じて自らの成長を実感できる幸福というものが確かにあるのです。

それを認識することができれば、自分の仕事やその環境、状態に対して、自分の中に新しい価値観が生まれてくるのではないでしょうか。

間違いなく、日本は恵まれています。だからこそ、たまたま今の日本に生まれたことを幸せと感じ取り、大きなチャンスととらえることで、さらなる成長があると思うのです。

もちろんこれは「もっとつらい人がいるのだから何でも我慢しろ」ということではありません。

要は、**視野を広げてものごとの価値を考え直してみると、本当に大切なことが見えてくる**ということなのです。

第3章

人間関係に悩んだら……

「感謝する心には大きな力がある」

多くの人は何に悩むのでしょうか？

お金、健康、学歴などさまざまです。しかし「人間関係」と答える人が一番多いのではないでしょうか。

「セクハラ」「パワハラ」「家族との関係」「いじめ」など、これらはみな人間関係の悩みといえます。

それでは、人間関係や自分の性格は変えられるのでしょうか？　それこそ一瞬で劇的に変えられれば問題はないのですが、そう簡単にはいきません。

ですが、これから紹介する物語にはそのヒントがあります。

STORY 7 「ミラー細胞」と佐賀北高校

以前「ミラー細胞」というものが見つかり、脳科学で注目されました。

どんな細胞かといえば、霊長類や高等動物では、そばにいる人と同じ表情をしたり、相手の感情をそのまま反射したりする、つまり相手の気持ちを鏡のように反映する脳内細胞なんだそうです。

ということは、あなたが相手に思いやりの気持ちを向けると、相手もこちらの気持ちにシンクロ（同調）するということになります。

母親が赤ちゃんにほほ笑むと赤ちゃんも同じような表情を作ることがあります。

そうやって赤ちゃんは、心地よい人間関係のコミュニケーションを学習しているのです。

相手が「ありがとう」と言ってくれたら、自分も「こちらこそ、ありがとう」という気持ちがわいてくる。そうさせるのが「ミラー細胞」というわけです。

このニュースを聞いて、私は2007年、夏の全国高校野球大会で優勝した佐賀北高校のことを思い出しました。

佐賀北高校は勉強に熱心な県立高校で、チームも全国から野球エリートをかき集めて作ったわけではありません。

そんな普通の高校が甲子園で優勝したということで、全国から大きな喝采を浴びました。

驚いたことに、その佐賀北高校、試合中に相手チームをほめるのです。

たとえば、相手がカーンとヒットを打ったとします。すると佐賀北の一塁手が、塁に立った相手走者に言うのです。

「ナイスバッティング」

二塁打を打った相手には、二塁手が「素晴らしいですね」とほめます。

一方、打撃に入って三振を取られると、相手のピッチャーに「ナイスピッチング」と声をかけます。

普通はこんなこと絶対にしないでしょう。

結局、佐賀北は大会で1度も負けていません。当たり前ですが優勝するということはそういうことです。

一方、負けたチームも負けたのは1回きりです。

甲子園にはそういうドラマがあります。1回しか負けていなくても、それで終わりなのです。

だからこそ負けたほうはずいぶん悔しい思いをしたはずです。しかし、佐賀北と対戦して敗れたチームはみな佐賀北のファンになってしまったのです。

そうして、勝つたびに佐賀北は多くの応援者をつけ、県立高校としては11年ぶりの、甲子園全国優勝を果たしたのです。

この話は、メールで送られてきた新聞記事によって知りました。

私はいろいろと情報メールをいただくことが多いのですが、記事では佐賀北の美しいスポーツマンシップが称賛されていました。

理由は容易に想像できます。

相手チームの選手は、自分がいいバッティングをしたら「ナイスバッティング」とほめてくれるのだからうれしいに決まっています。すると人間は自然に

「君こそ」という気持ちになるでしょう。

だから負けたあと、どこのチームも佐賀北に優勝してもらいたくなり、最後にはみな応援してしまうのです。

うれしいことをされたら、自分も人もそれをお返ししたくなるというのは、まさに「ミラー細胞」の話と合致するものでした。

そうやってたくさんの人から応援されていると思うと、なおのことパワーが出ます。それがまた佐賀北を後ろから押し上げていきました。

いわばプラスの相乗効果だったのだと思います。

むろん佐賀北の選手が、最初からそんなことを考えていたはずはないでしょう。ということは、この話から私たちはあることに気づかされます。それは、人との関係は、まず相手を尊敬し受け入れることから始まるということです。

いつも相手の意見を「それは違うよ」と否定するのがクセになっていたり、

見下したような雰囲気で人と接したり、あるいは妙にライバル心をいだいたりしているようでは、人から良い反応は期待できないはずです。

まず自分から相手に敬意を示し、良いところは素直にほめ、自分の狭い価値観で相手を否定しない。そうした態度が何より、人との関係を築くためには必要なのではないでしょうか。

塾というのは、入試合格を目標に勉強する仲間の集まりです。一方で、合格を争うライバル同士の集まりということもできます。

「あいつには負けたくない」というライバル心がむき出しになる場なのです。

その点、私のいた塾ではその学校の合格定員より多くの人数は受けさせませんでした。

100人定員の学校なら60人、70人とかに絞っていたので、あまりクラス内でライバル心を刺激されることはなかったと思います。

おかげで「クラスがギスギスして困る、どうにかしなくては」と、頭を悩ますような経験もせずに済みました。

しかし、100人定員のところに120人受けさせるとなれば事情は変わってきます。

間違いなく20人は落ちるのだから、生徒も穏やかではありません。クラスメートをはっきりライバルとして意識するようになるでしょう。

ただいずれにしても、入試に臨んで、私は生徒たちに「みんなで合格しよう」とは言いませんでした。

「一緒に勉強できて良かったなあ」

こう言うのです。この言葉には、合格するか否かに執着がありません。

実は不思議なことに、

「合格しようとがんばるのはお父さん、お母さんへの恩返しをしたいから」「教えてくれた先生へ恩返ししたいから」と、生徒たちが心から思える状況になった時、彼らはみな合格するのです。

こう信じるようになったのは、次に紹介する体験があったからです。

人間はライバルなどを意識する前に、仲間や周りの人間に対する感謝の気持ちを持ったほうが、もっと大きな力を発揮すると思ったのです。

超難関で知られる灘高校の入試は2日間にわたります。

塾では1日目が終わったら生徒を呼び出し、2日目の試験にそなえて授業をします。合格発表は3日目のお昼、12時です。

ちなみにこの発表の翌日、灘高校を受けるようなレベルの子のほとんどが、大阪星光学院という高校も受験します。滑り止めのためなのですが、しかしそういったら失礼なほど、この学校も難関校であるのは変わりありません。

だから灘高校の試験が終わった2日目も、大阪星光学院の試験にそなえて塾に来させます。

ところが、生徒たちは疲れがピークに達しています。

無理もありません。第一志望校の入試を2日連続でこなしてきたのです。授業を始めてもダラーッとしているので、自習に切り替えることもしばしばありました。

ある年のことです。自習に切り替える際に良い機会と思い、こう提案しました。

「今日の授業はこれで終わりにするけど、自習の間、先生は隣の部屋にいる。隣は誰もいない空き教室だ。先生はそこでボーッとしているから、自習している間に何か話したい、聞いてほしいと思った人は来なさい。

ただし友達と一緒に来たら何もしゃべらないぞ。来るんだったら一人で来い。

もし何人か同時に立ち上がった時には、来る順番をジャンケンで決めるんだ」

ひょっとして誰も来ないかと思いましたが、全員がやって来ました。

すると、一人ずつ来てはみな、入ってきたと同時にポロポロと涙を流すのです。全国模試で、ベストテンにいつも入っている生徒まで泣くのです。

「どうしたんだ？」と聞いたら、

「失敗しました」と。

思わず「おおっ」と声を出しましたが、私もショックです。失敗したか、これはまずいなと思いました。

そして、みな私に「先生、ごめんなさい。申し訳ありませんでした」と言うのです。

「えっ、ごめんなさいって、何でおれに謝るの？　君の入試でしょう。おれに謝るのはおかしいでしょ？」

私がこう言うと、みな同じように、

「確かに自分の入試です。でも僕が今日、ここまでこられたのは、僕を支えてくれたお父さん、お母さん、友達、そして先生のおかげです。試験に落ちるのは自分の勉強不足が原因だから、僕の中で整理がついています。けれど、お父さんやお母さん、先生や周りで僕を支えてくれた人たちに恩返しができるとすればそれは、合格することだけなんです。なのに僕はきっと落ちてしまうでしょう。失敗して申し訳ありません」

こう言って泣くのです。

こんな生徒たちに、私は心を締めつけられました。

僕は一人ひとりに「アホなこと言うな。先生は君らと出会えただけで幸せなんだから」と言いました。

「人は一生のうちに何人の人と出会うと思う？　どんなに顔の広い人であっても、出会う人の数は世界人口に比べたらゼロに等しいよな。そんなわずかしかない出会いの中に、先生は君がいてくれて良かったと思う。

君が必死で努力する姿に先生は今まで、どれほど勇気づけられてきたか。

こちらこそありがとう。

もういいじゃないか。もし不合格になったとしても、この入試を体験したことで君は確実に成長したじゃないか。だから人生でチャレンジしたことは絶対無駄にはならないんだ。こうやって知り合い、そしてこれからもお互い元気に生きていく。それで十分だ。先生はここにいるし、君だってこの塾をやめたあと、人生一歩一歩進んでいく明日があるじゃないか。

今日が無事で健康でいられることに感謝しよう。明日は明日の風が吹く。それに入試がすべてじゃないだろ」

こうやって全員と話したのですが、翌日、合格発表を見に行ってビックリしました。なんと、全員合格していたのです。

彼らはライバルとか何とかいう以前に、人との出会いを大切に考えていたのです。仲間や父母に感謝し、恩を感じて、それに応えようとがんばってきました。結果はその心を反映したものだったに違いありません。

人は一人では決して成長できません。

人と出会い、人と尊敬し合い、そして支え合い、さまざまな体験を通して伸びていきます。

人との交わりに感謝する心が、人生を豊かにしていく根本なのです。

STORY 8

なぜ、ガンはV字編隊で飛ぶのか？

塾では不思議なことに、仲のいいクラスといじめのあるクラスでは、入試の合格率がまったく異なります。

もちろんいじめのあるクラスはダメです。全国模試で常にトップランク入りするような生徒も入試に落ちて、成績がぜんぜん振るいません。はっきりとした科学的な根拠があるわけではないのですが、明らかに合格率が激減します。

逆に、高い合格率を上げるクラスでは、たまにゲームを教室に持ち込んだりマンガを持ってくる生徒がいると、友達がこう言って注意するのです。

「やめようぜ。今は入試に向かってみんなでがんばろう。ゲームはおれもやりたいから、終わったら一緒にやろうよ」

彼らは英単語や歴史の年表問題を互いに出題し合ったり、数学の問題を一緒に考えたりして、みんなで勉強する雰囲気を大事にしていました。だからいじめなんてまったく起こりませんでした。

そこで私は、高校生対象のセミナーで、「クラスのみんなで仲良く助け合い、しかし馴れ合いではなく切磋琢磨することが大事なんだ」というために、ちょっと角度を変えて「なぜ、ガンはV字編隊で飛ぶのか？」という物語を話します。

この物語は、私がいつも大変お世話になっている比田井和孝先生からお聞きしたものです。比田井先生は長野県上田市にある上田情報ビジネス専門学校の先生で、これから就職しようとする学生の心に熱き火をともすことにかけては、まさに達人と言える先生です。

「ガンって鳥は知っているよね。カリとも言うけど、空をV字の形で飛んでいくのを見たことがあるだろう。あれがガンだ。そのV字が実は下の地上から見るとよくわからないだろうけど、横から見ると立体になっているのは知っているか?」

「知らない」という答えが返ります。

「なぜ立体になっているかは理由がある。前を飛ぶガンが羽ばたくと上昇気流が起きて、後ろのガンが少ないエネルギーで飛ぶことができるんだ。そのガンが羽ばたくと、今度はその後ろのガンがもっと楽に飛べるようになる。だから、ガンはV字編隊で飛ぶんだ。

ただし、一番先頭のガンにはそうした効果がない。遠くまで飛ぶと疲れ切ってしまう。

すると、疲れた先頭のガンは編隊を離れ、ほかのガンが前に1つずつ詰めていく。離れたガンは楽な後ろに移るんだ。一方、今まで楽をしていたガンは、まだエネルギーが余っているから、先頭を切って飛ぶことができる。

こういう方法により、ガンは単独で飛ぶのに比較して71パーセントの力で、同じ距離を飛ぶことができる。しかも、疲れているガンに対して鳴いて励ますこともする。また、1羽が編隊から脱落すると、2羽のガンが編隊からはずれていってサポートするんだ。

つまり、**人間も含めて動物というのは、ほかのサポートがあって初めてより良く生きられるんだ**。

今、君たちは、教室の右を見ても左を見ても友達がいるだろう。前にも後ろにもいる。目の前には先生もいる。われわれはみな、一人だけでは何もできない生き物なんだ。

君たちは、一人で走るのと二人で走るのと、どっちが速く走れる？　二人で競えば、自分も思わぬスピードが出るんだよ。

人間は一人ではタイムが出ない生き物なんだよ。

ここで、クラスにいじめが起きたらどうなるか考えてほしい。のけ者になった者は独りぼっちだよな。当然、彼はそんなに力が出せない。なぜなら今、一人では力が出せないって言っただろう。

けれども、実際にのけ者にしたやつ、それを周りで見ている人間たちだって、明日は我が身だよな。誰かがのけ者にされるという雰囲気がクラスに広がれば、次は自分かもしれない、あさってはあいつかもしれない。そんな気持ちが心のどこかに芽生えるのは当たり前だよな。

するとそれは、クラス全員の心を孤立させていく。警戒心が生まれて心の垣根が高くなり、そして友達と仲良くすることが怖くなる。何事も距離を置いて見るようになる。そういった心境は一人で競走するのとまったく同じ心境を作り出して、君たちのタイムの伸びを止めてしまう。

このタイムというのは、君たちの場合でいえば試験の得点だ。一人では成績が伸びることはないんだ。だからいじめはダメ。みんなで仲良くがんばれ」

これは仕事も同じことです。

一人でがんばっても限界があります。一人よりも二人のほうが力が出せる時がある、二人より三人のほうが力が出せる時がある。そして、みなで目指したゴールに到達した時、喜びは数倍にもなる。

今一度、あなたの人生における人間関係の意味を考えてみてはいかがですか。

第4章

スキルや能力よりも大切なこと

「誰かのために生きると人生が変わる」

個人差はあれども、誰しも人から好かれたいという気持ちがどこかにありますよね。

人間は、愛と承認を欲する生き物なのですね。

しかしそれらは、追いかけると手に入らないことが多いようです。

そんな時は、まずあなたにできることから始めてみませんか？

STORY 9
母の足

私の大切な友人から、ある日、次のようなメールが届きました。

「ある会社のお話」というタイトルでした。感謝の気持ちに気づかせてくれる、そんな話です。


その会社の社長は、次のようなことに気づきました。

ノウハウや制度ばかりを追求しても、社員の心が豊かにならないと組織は活性化しない。

「本当の感謝とは何か？」を社員に実体験させてこそ、お客様に心から感謝できる社員が育つのだと。

このことに気づいた社長は、毎年の入社試験の最後に、学生に次の２つの質問をするようになりました。

「あなたは、お母さんの肩叩きをしたことがありますか？」

この問いに、ほとんどの学生は「はい」と答えるそうです。

次の質問に、学生たちは驚きます。

「あなたは、お母さんの足を洗ってあげたことはありますか？」

これには、ほとんどの学生が「いいえ」と答えるそうです。

「では、3日間差し上げますので、その間に、お母さんの足を洗って報告に来てください。それで入社試験は終わりです」

学生たちは「そんなことで入社できるのなら」と、ほくそ笑みながら会社をあとにします。

ところが、家に帰って実際にやろうとすると、母親に言い出すことが、なかなかできないのです。

ある学生は、2日間、母親の後をついてまわり、母親から「どうした、おかしくなったのか？」と聞かれました。

「いや、あのー、お母さんの足を洗いたいんだけど……」

「なんだい？　気持ち悪いねえ」

こうしてその学生は、ようやく母親を縁側に連れて行き、たらいに水をくみ入れました。

そして、お母さんの足を洗おうとして、足を持ち上げた瞬間……。

母親の足の裏が、あまりにも荒れ放題に荒れて、ひび割れているのを手のひらで感じて、絶句してしまいます。

その学生は心の中で、「うちはお父さんが早いうちに死んでしまって、お母さんが死に物ぐるいで働いて、自分と兄貴を養ってくれた。この荒れた足は、自分たちのために働き続けてくれた足だ」と悟り、胸がいっぱいになってしまいました。

そして、「お母さん、長生きしてくれよな」と、ひとこと言うのが精いっぱいだったのです。

それまで、息子の「柄にもない親孝行」をひやかしていた母親は、「ありがとう」と言ったまま黙り込んでしまいました。

しばらくすると、息子の手に落ちてくるものがありました。

それは、母の涙でした。

学生は、母親の顔を見上げることができなくなって、「お母さん、ありがとう」と言って、自分の部屋に引きこもりました。

そして翌日、彼は会社へ報告に行きました。

「社長、私はこんなに素晴らしい教育を受けたのは初めてです。ありがとうございました」

「君は一人で大人になったんじゃない。お父さんやお母さんや、いろいろな人に支えられて大人になったんだ。そして、これからも、自分ひとりの力で一人前になるのではないんだ。私自身も、お客様やスタッフや、いろいろな人たちとの出会いの中で、一人前の社会人にならせていただいたんだよ」

喜んでくれる親を見て、人に喜んでもらうことがこんなにも素晴らしいものかと体験する。なんと素晴らしいことでしょうか。

今日、親孝行をしてみるのはいかがですか?

人間は目的のない行動はできません。

人間にとってきつい刑罰のひとつは、地面に巨大な穴を掘らせ、出来上がると今度はその穴を埋め戻させ、それを延々と毎日くり返させることだといいます。

人が生き生きと動くには、「なぜ」「何のために」といった目的意識がどうしても欠かせないのです。

流行の言葉でいえば動機づけ。これがぼやけていては何をしても身が入らず、気持ちが脇へ流れていってしまいます。

STORY 10
あるパチンコ店の話

ひと昔前まで、多くのパチンコ店の経営スタイルは発展の歴史的経緯もあり、「お客＝お金を落としてくれる人」という考え方だったそうです。

ところが、経営の世代交代とともに徐々に時代背景が変化し、最近では「地域の皆が喜び、そして皆から愛されるパチンコ店を作る」という考えのもとで運営される店が現れてきました。

これから紹介するのは、そんなパチンコ店でのお話です。

その店には毎日通ってくるおじいちゃんがいました。

彼は開店時刻になると、必ず開店待ちの列に並んでいるのです。

そして、いつも入り口から少し離れた端っこの台に陣取りました。

その台は常連の間で「おじいちゃんの台」と呼ばれるようになりました。

しかし、おじいちゃんはどちらかというと勝負事には向いていませんでした。

勝率はかなり低く、よく負けていたのです。

店側もおじいちゃんには勝ってほしいと思うのですが、これぱかりは何ともなりません。

しかも、「おじいちゃんの台」が開放台になった時に限って、おじいちゃんは若者に台取りで負けてしまうのです。それゆえおじいちゃんはやはりよく負けていました。

ところがおじいちゃんは、その日のお小遣いを使いつくしても帰らないのです。ニコニコしていつまでも店にいます。店員さんと会話を交わすことを楽しみにしていたのでしょう。

ある日のことです。

毎日来ていたおじいちゃんが姿を見せません。

店員たちは「どうしたのかな?」「風邪でも引いたのか?」などと思っていました。

ところが、定時見回りの時、裏の駐車場をチェックしたスタッフが、倒れているおじいちゃんを発見したのです。

寒い冬の朝の出来事でした。

スタッフはすぐに119番へ通報しました。おじいちゃんは救急車に担ぎ込まれ、多くのスタッフが心配そうにその救急車を取り囲みました。誰の目にもかなり危険な状態であると映りました。

病院に担ぎ込まれたその数分後、おじいちゃんは心筋梗塞での死亡が確認されました。
おじいちゃんの死亡の連絡を受けた店のスタッフはみな泣きました。
そして、口々に自分たちを責め始めたのです。

「もう少し早く見回りをしていれば良かった……」
「姿が見えない時に、おかしいとわかったはずなのに……」
「もう少し注意していたら、おじいちゃんを助けられたかもしれない……」

しかし、亡くなったおじいちゃんが帰ってくるはずもありません。せめて最後のお別れだけはと、店長はじめスタッフは通夜と葬儀に参列したのです。
パチンコ店に1本の電話がかかってきたのは、葬儀が終わって1週間ほどたった時でした。

おじいちゃんの息子さんからでした。話があるので責任者に家まで来てほしいという内容でした。

店長、そしてスタッフたちは「ついにきたか」と思いました。それでなくとも店側の安全管理について、批判の声が上がっていたのです。

「きっと責任を追及されるんだ」

みなこう思いました。

店長やスタッフたちは話し合った結果、何を言われても真摯に受け止めようと決めました。

もちろん事件は多くの点で不可抗力だった。しかし、私たちにできることがあったのも事実だ。未然に悲劇を防ぐことができなかった落ち度を、素直に謝罪しようじゃないか。

みんな黙ってうなずき合いました。

店長と責任者スタッフは菓子折りを持ち、息子さんの自宅を訪問しました。応接に通されて待っている間、何を言われるだろうかと考えると、不安な気分が襲ってきて落ち着きません。

息子さんが入ってくると、店長は頭をたれて「申し訳ありません」と謝りました。

ところがそれを見て、息子さんは意外なことを言ったのです。

「何を謝っていらっしゃるのですか。今日あなたたちにお越しいただいたのは、ひと言お礼を言いたかったからです。本来なら私から出向くべきところですが、仕事の都合上ご足労をおかけして、申し訳ないのはこちらなんです。

私の父はみなさん方に出会えて本当に幸せでした。

父は毎日、あなた方のお店に行き、時間を過ごすことをこのうえない喜びと感じておりました。いつも晩ご飯の時に父が話すのは、決まってあなた方のこ

ればもっと知識を吸収できるのか」「生徒が本当に力を出せるのはどういう状況なのか」といった「心の勉強」が大切だと思います。

今はどこの塾も学校も、この心の勉強に大変力を入れています。

特に進学校合格を目指す塾では、夏休みに「集中講座」といった合宿を行います。

ひと昔前、私が塾講師をしていた時代も合宿がありました。当時、受験戦争などと言われていた時代、多くのマスコミがこの合宿風景を取材したので、テレビなどでご覧になった人もいるかと思います。

合宿は、塾にとっても大きなイベントで、合宿の成果によって合格率も変わってきます。保護者にとっても、この夏で子どもの成績を伸ばしたいと、子どもの参加を申し込みます。

さて、その合宿に参加する生徒ですが、勉強漬けの日々が続く合宿は、つらく厳しいものです。親元から離れ、一人で受験というものに立ち向かわなければなりません。

そんな苦しい環境の中、生徒のやる気を持続させることは難しいのです。

しかし、この厳しい夏の合宿を素晴らしいものに変えてしまうK学園という塾が兵庫県にあります。


この塾は、合宿に参加する生徒の保護者だけを事前に集めて、合宿説明会をしています。

そして「この説明会には必ず参加してください」とお願いまでしているのです。その説明会では当然、合宿のカリキュラム、目的、去年の合宿の様子をVTRで見せたりして、保護者に安心してもらうのですが、実は本当の目的は保護者にあるものを書いてもらうことなのです。

「お母さん、ご覧いただいたように合宿に参加する彼らは、あまり経験のない長時間の勉強をすることが目的で親元を離れます。

初めての体験である子もたくさんいるかと思います。そこではとても心細いし、必死になって勉強をやる中でつらくなって、もう帰りたいと思ったり悩んだりする子も出てくるのです。

あなたのお子さんが今まさにそういう状況にあると想像して、彼らを励ます手紙を今ここで書いてほしいのです」

こう言って手紙を書いてもらっているのです。

しかし、保護者もいきなり子どもに手紙を書くなんてできません。お母さんは、子どもがどんな状況に置かれるかを体感できません。ですから想像の中で書くことになります。

結果、双方に温度差ができてしまいます。そこでこの塾では、書いてもらう時にある工夫をします。まず、お子さんの名前の由来を書いてもらいます。その名前を命名した理由を書いてもらうのです。その時にこうつけ加えます。

「名前をつけることを命名と言います。これは命を授けるということなのです。お母さんがお子さんにした最初のプレゼントが、名前という命なんです。その時、その名前を選んだ理由があるはずです。その理由を書くことからスタートしてください。お子さんが生まれた時どういう気持ちだったのか、どれだけ喜んだのか、どうなってほしいと願ったのか」

こう言うと、出席した保護者は当時を思い返していきます。早く生まれてきてと願ったこと、おなかを痛めて生んだ時のこと、生まれた瞬間に感じた喜びなど……。

すると、お母さんたちはこんなことを手紙につづっていきます。

「あなたが生まれた時、それは○○病院の一室でした。あの時、お父さんは仕事を休んで付き添ってくれたよ。あなたが生まれてお母さんは本当に幸せだった。こんなにうれしいと思ったことはありません。

でも、責任重大だとも感じたよ。その時、お父さんと何日も何日も考えました、あなたの名前を……。

そして、私たちがあなたに願ったこと、それはたった1つです。いつまでも元気に、明るく、本当に幸せに人生を送ってくれたらということです……」

そんな手紙を見て、塾の先生がさらにこう言います。

「大事な、とても大事なお子さんが生まれてよかったですよね。

そのお子さんがこれから受験という人生の関門に一人で立ち向かおうとしています。もちろん、いろいろなサポートをお父さん、お母さんはされています。けれどもやっぱり闘う時は、お子さんは一人なんです。

そのお子さんが受験に向かうための力を培うために合宿に行くのです。ぜひねぎらいの言葉をかけてあげてください」

すると、お母さんは手紙の中でこのように書いたりするのです。

「この合宿のスケジュールを見て、お母さんは正直驚きました。こんなに勉強して、きっとすごくしんどくて、今は本当につらい状況にあるのかもしれません。しんどかったらやめていいんだよ。帰ってきていいんだよ。お父さんもお母さんもずっと家にいるから。

けれど、お母さんはあなたが一人で受験という関門に立ち向かうほど成長していることを、本当にうれしく思っています。

あなたが生まれてくれて良かった」


お父さんも手紙を書いてくれます。

武骨に男らしい文章ですが、とても心がこもっています。

「元気にやっているか。思えばお前が生まれた時……」

そして、「お前が息子で良かった。お前と出会えて良かった。元気に帰って来いよ」と。


さあ、いざ合宿に突入です。

先生は当然、生徒たちに手紙の存在を秘密にしておきます。

合宿中、楽しいイベントももちろんありますが、楽しいことばかりではありません。たっぷり勉強の時間があります。

そして、勉強を続けていくうちに、点数やノルマがクリアできなくてつらい思いをする生徒がいっぱい出てきます。

時が流れ……体力的にも精神的にも限界がきて、「もうダメだ」と生徒たちが音を上げようとするその時です。

あのお母さんからの手紙を、サプライズプレゼントとして生徒一人ひとりに渡すのです。手紙を読んだ子どもたちの目からは、大粒の涙がポロポロこぼれ、彼らは号泣するのです。先生も涙を流しています。

お母さんたちのメッセージには、「がんばれ！」などという言葉はひと言もありません。

「あなたが幸せならそれでいいの」

「いつでも帰って来ていいからね」

「こんな遠い場所にあなたが行って、お母さんは胸が締めつけられるような思いです」

「あなたがお母さんもとに生まれてくれたことを感謝しています」

先生は生徒に「どうだ、帰るか?」と聞くのですが、子どもたちは泣いたあと、「先生、やります!」と言って、自らペンを握り始めます。

そんな変化をした生徒に、先生は語りかけます。

「そうか。でもその前に、この手紙を読んでどう思った?」

「感謝しています」

「それじゃあ勉強をする前に、今、心が熱いうちにお父さん、お母さんに返事を書きなさい」

生徒たちは、感謝の手紙を先生に渡して無事に合宿を乗り切るのです。

さて、生徒たちが両親にあてた手紙はどうするのか？

実はその日の深夜、生徒が寝たあとで、先生たちは車で生徒の自宅に一番近い郵便局を回って、その手紙を投かんしていくのです。生徒たちが翌日帰宅するよりも早く、彼らの感謝の気持ちを両親に伝えるためにです。

その手紙には、生徒に内緒で速達の印が押されているのです。一刻も早く、彼らの自宅に届くように……。

合宿を終えて子どもが帰ってくる日、お母さんは家で子どもの帰りを待っています。そんな時、突然速達がきて、子どもから手紙が届く。まさか子どもが合宿で自分の書いた手紙を読んで返事を書いて送ってくるなんて思ってもいません。

それを読んだお母さんは、心から感動して泣くのです。そして、子どもたちが家に帰った瞬間、お母さんは子どもをぎゅっと抱きしめるそうです。

「生んでくれてありがとう」
「育ててくれてありがとう」
「ほめてくれてありがとう」
「叱ってくれてありがとう」
「学校に行かせてくれてありがとう」
「一緒にいてくれてありがとう」
「お父さんとお母さんの子どもで良かった」
「本当にありがとう」

子どもたちの手紙は「ありがとう」の言葉であふれているのです。
何度も何度も「ありがとう」が出てくるのです。
そんな手紙を読んだ直後、まさに子どもが「ただいま！」と帰ってくるのです。

その瞬間、言葉なんていりません。

二人は黙って、何も言わず抱き合うそうです。そして、その夏は彼らにとってケンカは起こりません。親は子どもを心から応援し、子どもはそれに全力で応えようとするからです。

さて、合宿を終えて生徒たちが家に着く頃、塾は大忙しです。先生方は全員、塾で待ち構えています。お礼の電話が鳴りやまないからです。

「先生ありがとうございました！」

「こんな大切なことに気づかせてもらえるなんて……」

この塾にとって、合宿から帰った日は「魔法の日」なのです。

それは、先生方がすごく幸せになる日だからです。

仕事ってすごいと思いませんか？

保護者と生徒を幸せにして、一番幸せだったのは実は先生たちなのです。塾がしてあげられる最高のことをした結果、自分たちが幸せになれる。

あなたは、何のために仕事をしていますか？

第5章

あなたの人生にも奇跡を起こすために

「当たり前のことを当たり前でないくらいにやり続ける」

誰もが自分らしく生きたいと思っているのではないでしょうか?

あなたが自分に誇りを持てるということは、あなたが自分らしく信念を貫き通して生きている証しでもあるのです。

そして、あなたがあなたらしく生きる時、必ず応援してくれる人が出てくるはずです。

時には涙を流すこともあるでしょう。でも、その涙のあとには、きっと新しい明日が待っているのです。

だから、あなたの夢をあきらめないでください。

STORY 11
夢をあきらめない

1997年、サッカー日本代表は、翌年に控えるワールドカップ本戦への出場を目指し、厳しい予選リーグを戦っていました。

しかし世界の壁は高く、日本は苦戦を強いられます。

そして迎えた10月11日。

ここで負ければ予選敗退が決定するという対ウズベキスタン戦の日です。チーム11人とファンの夢をつなぐことになる、一人の選手がピッチに立っていました。

ブラジルの多くの子どもがそうであるように、ワグネルもまた小学校に上がる頃にはプロのサッカー選手を夢見ていました。

しかし、夢は早くも絶たれます。

父親が死んだのです。ワグネルは家族を助けるため、兄の働く靴工場へ11歳で勤めに出ることになりました。

母が初めて買ってくれたプレゼントは、遊ぶためではない、通勤用の自転車でした。


それでもワグネルが、不満を口にすることはありませんでした。

そして彼は、近所の畑で拾ったオレンジをボール代わりに練習しながら、母親に笑顔で言いました。

「ママ、見てて。僕は絶対にプロの選手になる。そしてママに家をプレゼントするよ」

わが子の夢物語に苦笑いしつつ、母は生活を切り詰めて安物のスパイクシューズを買い与え、こう言いました。

「あなたのやりたいようにやればいいわ。でもね、決してあきらめてはダメ。あきらめずに続ければ、幸運は向こうからやってくるのよ」

彼は15歳で初めてプロテストに挑みます。

結果は見事に合格です。しかしチームの示した契約内容は、とうていサッカーで生活できるような金額ではありませんでした。

その後も彼は働きながら、あちこちのプロテストに挑戦します。しかし結果はついてきません。

「やっぱり、プロなんて無理なんじゃない？」

あきらめるなと言ったはずの母親のほうが先に弱音を吐きました。しかし、ワグネルは笑顔で答えたのです。

「大丈夫だよママ。僕は必ずプロになるよ」

決してあきらめない彼に、ある日、幸運が訪れました。名門「サンパウロＦＣ」の入団テストに飛び入りで参加したところ、３００人以上の受験者の中から、わずか２名の合格者に選ばれたのです。

「やったよ、ママ！　僕はプロの選手になったよ！」

しかし、たくさんの名選手を抱えるこのチームでは、試合に出るチャンスすらほとんど与えられませんでした。彼は選手として活躍できる場を求め、異国の地での挑戦を決意します。彼が選んだ国は日本でした。

目の当たりにした日本サッカー界のレベルは、ブラジルの草サッカーよりも観客の少ないスタジアムに象徴されていました。

そして、外国人ゆえの言葉の壁、文化の壁、偏見による差別が容赦なく彼に襲いかかりました。

それでもサッカーに対する情熱を決して失わなかった彼が、グラウンドに姿を現さない日は１日もありませんでした。

やがて、彼の努力は徐々に実を結び始めます。

なんと１９９２年、１９９５年、１９９６年とたて続けに得点王に輝いたのです。そして１９９７年、ついにワールドカップ日本代表に選出されたのです。

この間に長男も生まれ、幸せをかみしめ彼は喜びをこう語っています。

「代表入りのために帰化したわけではない。あくまでこの国で生まれた息子のためだ。そして何より、僕のサッカーを日本が評価してくれたことがうれしい」

以後、彼は日の丸を背負って予選に臨むのですが、そのさなか、悲報が届きました。

最愛の母が母国ブラジルで急死したのです。

しかし彼は自らの意志で帰国せず、戦い続けました。

そんな苦しい状況で臨んだのが、10月11日の対ウズベキスタン戦だったのです。

試合は1点をリードされたまま、残りわずか数分というところまで進んでいます。もうリーグ戦での敗退が決定的です。

るんだ。

たとえば、君たちが人にあいさつをする時に、これ以上ないくらい情熱を傾けてあいさつすれば、すごいあいさつだと感心してひと声かけてくる人が必ず出てくるんだ。

そして、そういうやって当たり前のことを当たり前と思えないほどの情熱でやる人たちには、そういう人たちのサークルがあって、つながりあってステージとして用意されている。

当然、そういう人たちの人生は情熱的な人生であり、それに触れた君たちも情熱的に生きることになる。それがこの世の現象としてはっきり起こることなんだ」

当たり前のことをやり続ける。

そうした努力が、いつか大きな花を咲かせるのです。

最後に、あなたの努力が実を結ぶよう、こんな物語を贈って締めくくりたいと思います。

STORY 12
腐らないリンゴ

小さな子どもを見ていると、上手にできることは喜んでいつまでも続けます。
しかし、うまくできないことはすぐ投げ出してしまいます。
大人だって同じですよね。
そのような時、選択肢が2つあります。
あきらめてしまうのか、自分を信じて続けるのか。
次に紹介する物語は、まさに信念を貫いた人のお話です。

青森県の木村秋則さんは、やめませんでした。

自殺を考えるほど悩み苦しみながら、やめずに最後までまっとうしたのです。

仕事はリンゴ栽培です。リンゴはほかの植物に比べ、特別といっていいほど害虫や病気に弱いと言われます。

農薬や化学肥料なしでは絶対に実がならない……農薬を減らしつつある今の流れにあってもなお、これが常識とされていました。

ところがある時、農薬や化学肥料をいっさい使わないと木村さんは決めたのです。


もともと養子縁組の形で、木村さんはリンゴ農家にやって来ました。

当時はいわゆる集約農業の常識通り、狭いところにリンゴの木をたくさん植えて、農薬を専用の大型スプレー車で霧状に散布していくのです。

この霧が作業者にかかると非常にまずい。肌が弱い人はただれて水ぶくれになります。木村さんの奥さんはいつも散布作業を終えると寝込んで、1週間くらい動けなくなっていました。

木村さんは思いました。

「肌にかかっただけでこんなに人を傷つけ、病気にさせるような、農薬をたっぷりかけたリンゴが体にいいはずがない」

疑問がふつふつとわき起こってきた時、何げなく入った書店で手に取ったのが自然農法の本でした。リンゴではなく米栽培についての本でしたが、農薬をいっさい使わずに米を実らせる方法が、こと細かに書かれていました。

「何度読んだかわかりません」

木村さんは本がすり切れるくらい読み返し、これしかないと心に決めました。

その日から、8年にわたる苦闘の日々が待っていました。

木村さんは本に書いてある通り、農薬をパッタリやめました。すると秋になってリンゴの葉がすべて落ち、おびただしい数の害虫が発生しました。当然リンゴは実りません。

その翌年も、また翌年もリンゴはまったく実りません。

木村さんは必死でした。

「人体に害がなく、それでいて農薬の代わりになるものが必ずあるはずだ！」

そして、ありとあらゆるものを試しました。ニンニクをすって散布しました。しょうゆも試しました。土そのものを散布したこともありました。

それでも、すべては徒労に終わったのです。木村さんは一家総出で、来る日も来る日もリンゴの木についた害虫を駆除しました。

ほかの農家の畑では、青々とした葉が風にざわざわ揺れています。木村さんの畑だけが荒涼とした風景を呈していました。

でも、どんなに害虫を駆除しても、あとからあとからわき出てくるのです。

リンゴの木はどんどん衰弱していきました。

そして6年目には、肝心の木が枯れ始めたのです。

リンゴが取れなければ収入はありません。木村さん夫婦は、庭の雑草を晩ご飯のおかずにしました。

子どもたちも苦労します。

三人いた子どもたちは、小さな消しゴムを3つに切り分けて使いました。

なんとかお金を得るために、木村さんは農作業をしつつ、夜は日銭の入るキャバレーの呼び込みを始めます。

救いは奥さんでした。そんな厳しい生活でありながら、木村さんに1つも不平や不満を言いませんでした。

逆に、近所の人たちからピタッとつき合いをやめられたことが、木村さんには最もこたえました。

青森県では「かまど消し」という言葉が使われるそうです。「あかまどの火が消えるということは、その家はつぶれるということです。「あんなかまど消しとは口をきくな」と言って、道行く人がみなそそくさと家の前を通りすぎていきました。村八分にあったのです。

死のうと考えたのは、6年目の夏のねぶた祭りの夜でした。

自殺を決心した木村さんは、夜遅くロープを持って岩木山に登り、死に場所を求めて歩きました。

思いつめるきっかけになったのが娘の作文でした。

「私のお父さんはリンゴを作っています。だけど私は、お父さんの作ったリンゴを食べたことがありません」

特別なことは書いてありません。だけど、まだ父のリンゴを食べたことがないというひと言が胸に深く刺さりました。

「おれは何てバカなことをしたんだ。こんな農法に手を出してみなにつらい思いをさせ、本当に申し訳が立たない。このうえは死んでお詫びするしかない」

こうしてロープを持ち、山に向かったのです。

真っ暗な夜の山をうろつくうち、木村さんはちょうど首をくくるのにあつらえ向きの木を見つけました。

いよいよ最期の時がきたのです。ところが、枝にロープをかけようとしたその時、ロープがあらぬ方向へ飛んでいったのです。

そのロープを拾おうとした時でした。ここで木村さんは運命的ともいえる体験をします。

なぜか暗い闇の中に1本、リンゴの木が浮かび上がって見えたのです。引き寄せられるように近づいてよく見たら、リンゴではなくドングリの木でした。

その時、木村さんはハッと考えました。

「なんでこの自然のドングリは、農薬も化学肥料もまかないのに、こんなに茂り、実をつけるんだろう」

あとは夢中でした。あわててドングリの根元に駆け寄って土を手で掘ってみたところ、実にフカフカとやわらかい。彼は思わずその土を口に含みました。土はさまざまな微生物が息づく、生命のにおいがしたのです。

この時、木村さんは今まで自分がやってきたことの大きな間違いに気づいたのです。長年、農薬をまき、雑草をきれいに刈りつくしたリンゴ畑は、もはや自然ではなかったのです。

自然とは、雑草や害虫も含めてあらゆる生命が複雑に絡み合って生まれる豊かな生態系なのです。その自然の中に生きる木は、病害虫がつかないのではなく、病害虫に打ち勝つ力を持っていたのです。

つまり、病害虫がリンゴの木を弱らせていたのではなく、リンゴの木が弱っていたから病害虫がついていたのです。

「これだ、この土を再現するんだ！」

彼は確信し、最後の挑戦を決意します。


自殺を思いとどまった木村さんは奥さんに、もう1年だけ自分の農法を続けさせてほしいと頼みました。

奥さんは何も答えませんでした。

しかし、それこそがいわゆる暗黙の了解でした。木村さんはドングリの木の体験から、農法を見直します。手でいちいち取っていた雑草も伸ばし放題にし、スプレー車もいっさい使わないことにしました。

スプレー車は畑の土を踏み固めてしまいます。木は土がかたいと根の成長が妨げられ、実をつけるどころではなくなるのです。

「ならば、リンゴの木も山のドングリと同じような環境にすればよい。雑草が勢いよく根を張っているということは、リンゴの根も勢いよく張るということだ。雑草だけとったところで、リンゴの木が育つはずはない」

木村さんは、農薬の代わりにまいてきた酢を、600本すべての木にスプレー車を使わずに手散布でまき始めたのです。

わずかながらの殺菌作用がある酢を、何度もすべての木を洗うように手散布するのは、想像を絶する重労働でした。

しかし彼は、あえて雑草を伸ばし放題にし、スプレー車もまったく使用せず、ひたすら自然の状態に近づけようとしたのです。

ボウボウと雑草ばかりになったリンゴ畑を見て、近所の人たちは「ああ、バカが最後までいってしまった」と、ささやき合いました。

結局、その年は実がなりませんでした。

翌年を迎えたある日、わずかにつき合いを続けてくれていた友人が、大あわてで木村さんの家に飛び込んできました。

「木村、畑を見に行ってみろ！」

なんだ、何があった、木が全部倒れでもしたか……。

木村さんは畑へ飛んでいきました。

しかし、彼の目に飛び込んできたのは……畑一面を埋めつくした真っ白な花でした。

やっと8年目で、リンゴは畑いっぱいに花を咲かせたのです。

「奇跡のリンゴ」――こんな言葉を聞いたことはないでしょうか。

何が奇跡かといえば、世界にたった1つ、「2年間そのまま放置しておいても腐らないリンゴ」なのです。

普通は時間とともにグチャッとつぶれ、カビがはえて腐っていくものなのに、そのリンゴは水気が抜けて枯れていくだけです。

最後は干菓子のようになり、においをかぐと甘い香りがしっかり残っているのだそうです。

奇跡のリンゴはNHKの『プロフェッショナル~仕事の流儀』というテレビ番組で紹介され、その後『奇跡のリンゴ』(幻冬舎刊)という本にもなっています。

実はそれこそが木村さんの作るリンゴなのです。

腐らない奇跡のリンゴということが評判を呼び、今インターネットで売り出すと、数分で売り切れてしまうそうです。

もちろん味のよさはプロが認めています。

東京の白金台にある、半年先まで予約がいっぱいという人気フランス料理店では、「木村さんのリンゴのスープ」というメニューを開発しました。

オーナーシェフは、木村さんのリンゴにすっかりほれ込んで、あの味は木村さんのリンゴでなければ作れないと断言しています。

「どうしたらそんなに不思議なリンゴができるのですか？」

マスコミのインタビューでこう聞かれた木村さんは、「私にもわかりませんが、本当に自然のものは腐らずに枯れていくものなんだと思います」と答えました。

リンゴ作りの極意について答えた木村さんの言葉が印象的です。

「育てない。手助けするだけ」

これは私がいる教育の世界でいう「コーチング（＝導く）」の極意でもあります。

続けて木村さんは、こう言っています。

「1つのものに狂えば、いつか必ず答えにめぐり合う。私は、リンゴの木にこのことを教えてもらったのです」

もちろん、誰にも木村さんのようなドラマが待っているとは限りません。

しかし、仕事で悩み、やめたくなった時、彼が自分の道を信じて8年がんばったことは、とても大きなヒントになるのではないでしょうか。

もう1年、あと半年、もう少しだけといってあがき、こうすれば良くなるだろう、ああしたらいいのではないかと方法を模索する。

そんな人には、きっとある瞬間、運命的な展開が訪れると思うのです。

おわりに

この本を最後までお読みいただきありがとうございました。

2001年にベンチャー企業を立ち上げ、今にいたるまで本当にさまざまなことがありました。ただその間に、2つのことを経験として実感しました。

1つ目は、当たり前のことですが、「人は一人では生きていけない」ということです。

生徒たちにはいつも話してきたことなのに、実際に体感したのは独立してからの数年間でした。正直、何度もくじけそうになりました。本当に投げ出してしまいたい、もうやめよう……何度そう思ったかわかりません。

でも、そんな時、必ず誰かが支えてくれたのです。時には家族だったり、友人だったり、スタッフだったり、仕事上のパートナーだったり、そして、お客様だったり……。

そうです。周りにいる人たちのおかげで、今ここに自分がいるのです。

でもその時、同時にこうも思いました。

私も誰かの支えになってきたのだと。もちろん自分ではいつ誰を支えたかわかりません。でも知らず知らずのうちに必ず誰かの支えになっているはずなのです。

そして、それはあなたも同じなのです。

あなたの存在そのものが誰かの希望であり、誰かの救いになっている。つまり、あなたはかけがえのない存在なのです。

2つ目は、私たちが何かの行動を起こした時に得られるものは「失敗」でも「成功」でもなく、「ある気づき」であるということです。

人間とは勝手なもので、自分の思い通りにことが運んだ時には「成功した」と感じ、自分の思い通りにいかなかった時には「失敗した」と感じる生き物だと思います。そして、私自身も数年前までそう思っていました。

しかし、「失敗」や「成功」は起こった出来事にその人がつけた「勝手な解釈」にすぎないということに気づいたのです。

たとえば、**何か自分に都合が悪いことが起こった時、それを「失敗」と定義せずに「この出来事から何に気づけばいいのだろうか？」と考えてみるのです。**

なぜなら、そこにある何かに気づかなければ、その出来事はいつまでもあなたの周りで形を変えて起こり続けるからです。

そう、レジ打ちの女性のように……。

彼女は何をやっても挫折してしまうその原因を、常にほかに求めました。

「また失敗した。上司のせいだ……」「仕事が面白くないから続かないんだ……」と。

しかし、彼女がそう考えている間、同じような出来事が彼女の身に起こり続けたのです。

そして、ある日ついに彼女は「気づいた」のです。そして、彼女が気づいたその瞬間から、もう二度と同じ出来事は彼女の身に起こらなくなるのです。

でも、その「気づき」は、思い通りにならない出来事が起こってくれたからこそ得られたのです。

だから、あなたがもし、「自分にとって都合の悪い出来事」に直面しているなら、それは「失敗」ではなく二度と起こらないようにすることができるチャンスなのです。

この2つの事柄は「人間とは、みんなで生き、ともに成長し、ともに助け合い、ほかの人の役に立ち、そしてそれがうれしくて、生きていてよかったと感じる生き物」だということの再発見でもありました。

私はその気づきを「生きるメッセージ」としてお伝えしてきました。

そんな活動が、いつしか多くの方に届けられ、本という形になりました。

そして、発売前から『涙の数だけ大きくなれる!』への激励の言葉を、多くの方からいただきました。

そんな中、私自身が大きく揺さぶられ、逆に感動と勇気をいただいた激励文がありました。

教育学博士であり、右脳教育の第一人者でいらっしゃった故・七田眞先生が、お寄せくださった激励文です。

「3日かけて全編を読み終わりました。普通なら一気に読むのに、途中で本を置いて、しばらく間を置いて、そんな繰り返しで何度も何度も読み返しました。一気に読むには感動が大きすぎて、途中で感動のあまり、読み続けられなくなったというのが真相です。

3度目には、ノートを取りながら読みました。だから、いつもの何倍もの時間がかかって読んだのです。

『あるレジ打ちの女性』の話では、感動で涙が出ました。感動を覚えたのは、この話だけではありません。全編すべての話が感動の種、涙の種でした。

こんなに人を泣かせる本！　なんて素晴らしいんだ。本当にそう思いました。そして、さらに繰り返し読んで、書かれている話を全部覚えてしまおう、そして、これから会うすべての人にこの本の話を一生語り続けよう、そう思いました。

この本は、スッと一息に読んで『はい、わかった』という本ではありません。繰り返し、繰り返し読むべき本なのです。読むほどに自分が変わっていきます。変わらなくては嘘です。

この本には人を変える秘めた力があります。優れた本には、読んだ人を変える力があります。木下先生のこの本は、そんな本なのです」

生前の七田眞先生には本当にお世話になりました。改めてここに感謝の気持ちをお伝えしたいと思います。本当にありがとうございました。

そして最後に……。

この書籍を再び文庫本として世に出すご提案をしてくださったライターの柏耕一さん。編集作業で多大なるご尽力をいただいた野島純子さんをはじめ、青春出版社のみなさん。さらに、私を支えてくれているすべてのみなさん……家族・スタッフ・仕事でお世話になっているみなさん、そして、この本を読んでくださったあなたに心よりの感謝を申し上げます。

ありがとう。ありがとう。ありがとう。

木下　晴弘

本書は２００８年にフォレスト出版より刊行された『涙の数だけ大きくなれる！』を文庫化にあたり新たに2話を追加収録し、加筆修正・再編集したものです。

＼この本で紹介した／

「母の足」と「あるレジ打ちの女性」の
感動動画が見られる！

本編に登場した

STORY2「**あるレジ打ちの女性**」と

STORY9「**母の足**」を

オリジナル脚本で動画化！

心に響く音楽とともに、

動画ならではの世界をお楽しみください。

以下のwebページから

無料で視聴していただけます。

文庫『涙の数だけ大きくなれる！』

特製動画無料視聴URL

（QRコードからアクセスすれば、
すぐに見ることができます）

https://www.youtube.com/
playlist?list=PLt8s5pOtPTGOffwlmQhXdRf13aJPAFLCa

青春文庫

生《い》きる力《ちから》がわいてくる
「自分《じぶん》へのメッセージ」
涙《なみだ》の数《かず》だけ大《おお》きくなれる!

2021年 9 月20日　第 1 刷

著　者　木《きの》下《した》晴《はる》弘《ひろ》

発行者　小澤源太郎

責任編集　株式会社プライム涌光

発行所　株式会社青春出版社

〒162-0056　東京都新宿区若松町 12-1
電話 03-3203-2850（編集部）
03-3207-1916（営業部）
振替番号　00190-7-98602

印刷／中央精版印刷
製本／フォーネット社

ISBN 978-4-413-09786-4

結局、「決める力」がすべてを変える
流される人生から、自分で選択する人生へ

藤由達藏

行動する力が生まれる、スパッと決められる、先延ばしグセがなくなる…ぐずぐずする自分・優柔不断な自分にオサラバする方法

(SE-768)

図説 地図とあらすじでわかる！古事記と日本書紀

坂本　勝［監修］

『古事記』と『日本書紀』は何が違うのか、日本人の源流とはいったい何か…なるほど、そういう話だったのか！

(SE-769)

謎と疑問にズバリ答える！日本史の新視点

新　晴正

その歴史常識には、裏がある！　大坂の陣の後、海外で活動した日本のサムライ傭兵の謎ほか、目からウロコの推理と読み解き！

(SE-770)

そわそわしない練習

植西　聰

「ちゃんとやらなきゃ」「嫌われちゃいけない」「SNSだけで時間が過ぎる」…忙しい中でも、焦らず自分らしくいられるヒント

(SE-771)

ほんとうのあなたに出逢う　青春文庫

そこを教えてほしかった
理系の雑学

え！ ウソ!? ビックリ！
宇宙、地球、テクノロジー、脳、人体…
科学のニュースが自信を持って語れる本。

おもしろサイエンス学会［編］

(SE-776)

図説　日本の異界を歩く！
遠野物語

座敷童子、オシラサマ、河童、神隠し…なるほど、そういう話だったのか！　大人が読むから面白い、地図とあらすじの旅へようこそ

志村有弘［監修］

(SE-777)

1日1分
骨から小顔

顔が大きいのは「骨格のゆがみ」が原因！
「ボディから整える」セルフ整体のメソッドで永遠に小さな顔が手に入る

南　雅子

(SE-778)

日本人が追い求めてきた美の世界
色の名前の日本史

「緋」「蘇芳」「藍色」「浅葱」
「梅染」「利休茶」「龍胆」「半色」…
なぜ、その色に心を打たれるのだろう！

中江克己

(SE-779)